中华中医昆仑

任继学学术评传

张镜源◎主编

中国盲文出版社

图书在版编目（CIP）数据

任继学学术评传（大字版）/ 张镜源主编. —北京：中国盲文出版社，2015.12

（中华中医昆仑）

ISBN 978-7-5002-6862-8

Ⅰ. ①任…　Ⅱ. ①张…　Ⅲ. ①任继学（1926～2010）—评传　Ⅳ. ①K826.2

中国版本图书馆 CIP 数据核字（2015）第 317046 号

任继学学术评传

主　　编：张镜源
责任编辑：亢　淼
出版发行：中国盲文出版社
社　　址：北京市西城区太平街甲 6 号
邮政编码：100050
印　　刷：北京华联印刷有限公司
经　　销：新华书店
开　　本：700×1000　1/16
字　　数：42 千字
印　　张：6.5
版　　次：2015 年 12 月第 1 版　2016 年 3 月第 2 次印刷
书　　号：ISBN 978-7-5002-6862-8/K·467
定　　价：12.00 元
销售服务热线：（010）83190297　83190289　83190292

前言

中医药是中华民族的伟大创造，是世界医学宝库中的夺目瑰宝，数千年来为中华民族的繁衍昌盛作出了巨大的不可磨灭的贡献，至今仍是中国医药卫生事业不可分割的重要组成部分，在维护民族体魄康健、促进经济社会发展中发挥着不可替代的作用。

中医药学，是中华传统文化和科技文明的结晶，是勤劳聪慧的中华儿女在几千年生产生活实践中，在与疾病作斗争的过程中，创造的独具特色的医学科学体系。它有着浓郁的民族特色、深厚的文化底蕴和丰富的哲学内涵。经过一代又一代中医药传人、一辈又一辈名医大家的实践探索、薪火传承、总结完善、创新发展，逐步形成了系统的理论体系、独特的诊疗方法、丰富的医学内容、实用的制药技术。具有疗效确切、用药安全、应诊灵活、普适简廉和预防保健作用显著的巨大优势，在世界医学之林独树一帜，为人类的文明进步与医疗保健事业，已经并正在作出积极的贡献。

为了弘扬中华民族传统文化，彰显中医药学家的丰功伟绩，当代中医药发展研究中心与中国文学艺术界联合会、国家中医药管理局新闻办公室、中华中医药学会、中国中医科学院、北京中医药大学、世界中医药学会联合会等精诚合作，在国家中医药管理局的支持和指导下，为中华近现代百年来贡献卓著、深受敬仰的150位中医药学家，编撰出版了这部大型传记丛书。丛书采用评传体裁，记载他们的生平事迹、医术专长、学术思想、传承教育、医风医德、养生之道和突出贡献，使这些宝贵的医学成就和精神财富发扬光大，千古流芳。

丛书取名《中华中医昆仑》。昆仑山，被尊为“万山之祖”，柱西北而瞰东南，立中国而凭世界，凌驾乾坤，巍然屹立。以其高峻豪迈、绵延起伏的磅礴气势，寓意中华中医药学历史悠久、博大精深和永不衰竭；以其挺拔雄伟、高耸入云的恢弘气魄，彪炳一代中医药学家的丰功伟绩、杰出贡献和不朽勋业。

丛书入选传主，从全国范围推荐遴选，遍及中医药界各个领域。有临床家、理论家、药学家、教育家、医史文献学家；有名师亲授、世医家教、学派传人、院校毕业和自学成才者；有师徒并驾、父子齐名和伉俪联袂者。他们学术造诣深厚、诊疗技术精湛、临床经验丰富、学科地位崇高、科研成果丰硕、医风医德高尚、国内外影响较大，从医学理论到临床实践，为中医药事业的传承和发展作出了突出贡献，是近现代百年来中华中医药界的杰出代表。

丛书的出版，对于弘扬中华文化，振兴中医药事业，造就中医药人才，普及中医药知识，具有重要的现实意义和深远的历史意义。这是一项开创性工作，填补了我国为著名中医药学家大规模撰写传记的空白；也是一项抢救性工作，因入选传主已仙逝过半，许多亲历、亲见、亲闻的史料日见散逸，将之收集整理、编撰成书，功垂后世、利国利民；更是一项承前启后的工作，总结传主经验，传承中医药伟业，继往开来，光耀世界医学之林。这部医文结合，富蕴历史性、学术性、文学性和实用性的鸿篇巨制，对医疗、卫生、科研、教育及全球关注中华中医药文化的各界人士，都有重要的参考和阅读价值。

丛书的编撰出版，是一项巨大的中医药文

化建设工程，在策划、撰写、编辑、出版过程中，自始至终得到了国家有关领导、政府部门及社会各界人士的关心和支持。国家中医药管理局高度重视，并组织专家对全书进行终审；数百名专家、学者亲临指导，参与规划；有关省、市、自治区卫生厅、局、中医局（处）给予大力帮助；传主及其亲属、弟子热情支持、密切配合；撰稿人深情满怀、辛勤笔耕；编审专家尽心竭力、精工细琢；关爱中医药事业的企业家热心公益、慷慨资助；全体工作人员不辞辛劳、无私奉献，这一切使丛书得以顺利出版。对此，我们深表谢意。

由于时间紧迫和资料搜集困难，加之水平有限，难免有疏误之处，敬请广大读者批评指正。

中华中医药学，历史悠久，源远流长，发端于远古，奔向于未来。百年对于历史，不过是短暂的瞬间；百人对于万众，不过是沧海一粟。然本丛书所记载的百年百人，则无疑是波澜壮阔的中医药发展史上辉煌的篇章和光芒闪烁的璀璨星辰。

张镜源

目录

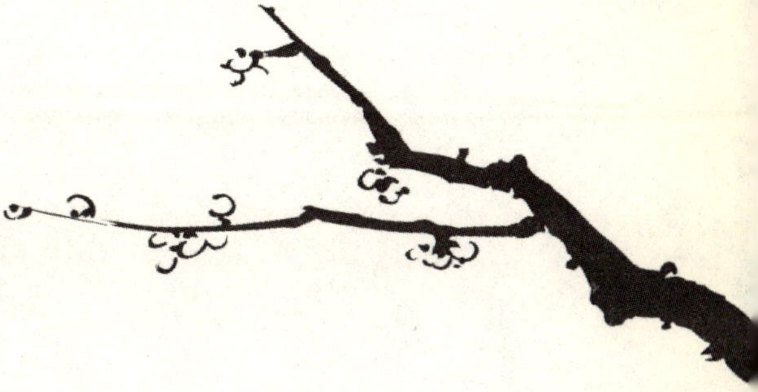

读书不敢有懈怠之暇，临证不敢有粗心之诊，非欲成为名医，只求无愧于患者，无愧于自心而已。

——任继学

任继学（1926—2010），原名任魁升。著名中医临床家、教育家、社会活动家，中医急诊学的开拓者，“白求恩奖章”获得者，国医大师。祖籍吉林省扶余县韩家油坊屯。

任继学是现代中医发展史上的一位重要人物。作为临床家，他曾领军推动中国中医急诊学的发展，治疗急性出血性中风，见血不止血，创破血化瘀大法；请缨中医抗击“非典”，挽危救逆，功勋卓著；创新提出肺胀、脑髓消病、虚损性肾衰等几十种新病名及完整的辨证论治理论体系；重视脑髓理论、伏邪学说、虚损理论、络病学说等，应用于临床颇多创新；活用经方，善于专病用专药，配伍精当，颇具新意；临床知行并重，治病屡起沉疴。作为教育家，他创建了较为完善的中医急症医学体系，主编我国第一部普通高等教育中医药类规划教材《中医急诊学》，极大地推动了中医急症这门新学科的发展；培养了大批高级中医人才，其门徒学生遍及全国各地，其中佼佼者，均已成为当代中医学界之栋梁；他科研与教学并重，力争走有中医特色的科研之路，提倡中医科研新模式，成果显著。作为社会活动家，他毕生致力于为中医事业的发展奔走呼吁、献计献策，四次著名的名老中医上书国家领导人对中医发展进谏，任继学都是积极的倡导者和参与者。

任继学从北京中医学院（现北京中医药大学）教学研究班毕业后，一直在长春中医学院（现长春中医药大学）从事中医内科的教学、临床、科研及管理等工作。为终身教授，博士研究生导师，曾任中国中医药学会副会长，国家中医药管理局中医药工作专家咨询委员会委员等职，享受国务院政府特殊津贴，为吉林省英才奖章获得者，被国家确定为第一、二、三批全国老中医药专家学术经验继承工作指导老师，先后被北京中医药大学、上海中医药大学、广州中医药大学及港、澳、台中医学术技术中心等单位聘为客座教授、学术顾问等。曾荣获1992年国家中医药管理局急症工作先进个人及1994年全国中医急症工作奖励基金等20余项奖励。出版专著《悬壶漫录》与《任继学经验集》，主编《中国名老中医经验集粹》、《中医急诊学》；参与编撰《建国四十年中医药科技成就》等；发表《中风病急性期的中医药辨证治疗》等学术论文100余篇。

任继学的贡献对中医的发展有着重要的影响。他提出的许多发展中医的观点和建议，都已成为现实，中医急症学学科体系已日趋完善；

他的许多学术思想日益引起学术界的广泛关注和深入研究，络病学说、脑髓学说、伏邪学说、虚损理论等，已逐渐渗入许多疾病的研究领域。

体恤疾苦　步入医门

1926年正月初九，任继学出生于吉林省扶余县韩家油坊屯，幼承庭训，攻读经学。但人生多舛，世事难料，任继学幼年时，其父忽染湿温之疾，请医艰难，医后又误药，不应汗而汗之，使其病情骤变而身亡。几年之后，任继学的伯父患锁喉风，也是因误治而命入黄泉。两位长者的先后离世，迫使任继学放弃私塾学习，也正是从那时起，任继学萌悟出“医乃仁术、活人大德”之天职，一个好医生对百姓来说是多么重要！故其15岁时，愤而学医，拜吉林省名医宋景峰先生为师，开始学习中医。

宋景峰以擅长治疗传染病和妇科病而闻名。

有一次，初入医门的任继学跟随老师出诊，病人患有严重的妇科病且咳嗽，生命危在旦夕。可老师却不紧不慢地开了两剂药，并嘱家属每过 4 小时给病人吃 1 剂。任继学瞥了一眼药方，发现老师竟然用了半斤生石膏，这么苦寒，可是要命的药啊！任继学心下想：这下老师可有麻烦了。次日天还没亮，任继学就坐不住了，偷偷跑到病人家的窗户底下“打探”动静。他在窗户纸上捅一个窟窿，凑上去一看，呵，病人好好的，也听不见咳嗽了！满腹狐疑的任继学一打探才知道，病人当天喝了一碗粥就安然入睡了。这下任继学算是心服口服了，“老师是真正把中医药理论融会贯通，敢用药，用得准的人”。也正是从这时起，任继学品出了中医的魅力。

从此，任继学开始刻苦学习中医。聪颖勤奋的少年任继学颇受恩师眷爱，尽得恩师真传，在学习期间就已经能够独立诊病了。其学包括

《伤寒论》、《金匮要略》、《内经知要》、《难经》、《温病条辨》、《汤头歌诀》、《药性赋》、《药性歌括四百味》、《濒湖脉学》、《医宗金鉴》等典籍，又融会贯通了恩师的临证经验，取得了较好的临床效果。寒暑五载，历尽艰辛，期满出徒而独立应诊的任继学，不久便在家乡声名鹊起。

1946年，任继学应国家和民族的需要，毅然投身革命，参加了解放战争，充分发挥自身专长，为救治伤员作出了重大贡献，先后在吉林省扶余县第十六、十八区卫生所从事医疗工作。1947年光荣加入中国共产党。

1954年，任继学受组织委派，赴吉林省中医进修学校（长春中医学院前身）进修学习，进一步系统学习了中医药理论，认真反思在临床工作中的困惑，认识到中医学理论之博大精深、奥妙无穷。毕业后留校任教，先后从事金匮要略、各家学说、中医内科学等课程的教学工作，并从未间断临床。期间颇感自己学问之疏浅，进而发奋苦读，博览中医典籍，偶有心得之处则录之于文。

1958 年，北京中医学院举办为期二年的教学研究班，任继学有幸成为该班的学员，在国内名宿的精心指导下，学业锐进。那里有大量的中医书籍资料可供阅览，可与国内同行交流学习心得，许多困惑茅塞顿开，颇有一股“豁然登高秀色新”的感觉。特别是在任应秋等知名中医学家的指导下，对中医理论的研究有一定的深度，多发新意，备受赏识。然而，理论与实践之间毕竟有一定的差距，只有在二者有机结合后，方能再上一层楼。1960 年毕业回校后，任继学把学到的理论与临床实践充分有机结合，学业日见增进，且可熔于一炉、互参互见、相互启迪，救治了许多疑难杂症患者。如一位已被国内权威医疗单位判处“死刑”的尿毒症病人，任继学以其精湛的医术，用复肾散治本固肾使患者获救，轰动一时。

领军急症　身先士卒

中医急症早在《黄帝内经》、《伤寒杂病论》、《肘后备急方》及后世历代著作中均有论述，且放在非常突出的位置。由于西医东渐，一些人误以为“西医治急症，中医慢郎中”。在这种情况下，任继学敏锐地认识到，中医要生存、要发展，就迫切需要对中医急症进行系统、深入的研究。任继学常说：“为医之道，治病救命。”因此，当面对一个急症病人，作为医生，你不能说自己处理不了急症。中医不是不能治疗急症，而是能够治疗多种急症。无论中风（脑出血、脑血栓）还是真心痛（冠心病、心肌梗死），或是厥脱（休克），中医都有诊治之法，而且是以内服药、外用药、针灸、按摩等多种治疗手段并行。

任继学以其雄厚、扎实的中医理论基础，丰富的临床急救经验，远见的学术胆识与战略眼光，多次与陈佑邦、王永炎、孙塑伦、晁恩祥、沈绍功等专家研讨构建中医急症学新学科，终于在1994年，促使国内较为权威的学术著作、普通高等教育中医药类规划教材《中医急诊学》得以诞生，任继学亲自担任主编，为这一学科的发展构建了理论框架。其中的头风、气胸、肠结等部分内容由任继学亲自执笔。

任继学认为，中医学的生存和发展，关键是疗效，也正是凭借疗效，才敢于向急症挑战。为了证实某些治疗方法的合理性，任继学甚至在自己身上试验用药而不断摸索，譬如1987年爆发流行性感冒，高热病人很多，常法疗效不佳，任继学也不幸染触本病，周围许多同志都考虑到任继学体质素虚，宜以静脉点滴肺宁为妥。但任继学考虑到本病尚无特效疗法，凭借自身体验，以中医运气理论为指导，着眼于“燥毒”而论治，不仅自身热退病愈，而且在本次流感中也解决了不少临床实际问题，令人心服口服。

开展中医治疗急症是加强中医内涵建设、增强中医活力和生机、以强者的姿态同现代医学竞争的必要措施，是一项业务性较强、向医生要水平、向临床要疗效、向管理要科学、风险和难度大的开拓性工作，是一场硬仗。为此，任继学在国内四处奔走，大声疾呼中医要搞急症，要以疗效为中心，搞好急症。在“七五”末期开始启动全国中医急症协作攻关组，主攻中医内科急症、心病、脑病、热病、痹病、血证等，极大地推动了中医急症医学的快速发展，产生了一大批很有价值的研究成果，如清开灵、双黄连、参麦注射液等，至今仍广泛地应用于临床。

任继学积极响应原卫生部中医司的号召，作为全国中医急症八大协作组中中风急症协作组的主要负责人，首先在长春中医学院附属医院内一疗区承担了国家科委“七五”攻关课题“中医药治疗缺血性中风的临床研究”的临床治疗观察任务。经过几年的努力，以良好的临床疗效，降低了死亡率，减少了致残率，提高了病人的生活质量，较好地完成了课题任务，受到了国家科委的表彰。他对697例缺血性中风病人应用纯中药治疗，结果提高了有效率，降低了病死率，与西药对照组相比较，明显优于对照组。这一结果，向医学界和社会证实了中医治疗急症的可行性和优越性，以良好的疗效得到了社会的承认。其间任继学倾注了大量的心血，独创了破血化瘀、泄热醒神的中风证治理论等，创制的治疗热病的瓜霜退热灵成为首批中医医院急症必备药。

继此之后，任继学又承担了国家科委“八

五”攻关课题，发起了向中医药治疗脑出血的冲击。当年对于中风这一凶险疾病，任继学敢为天下先，首先用中医药治疗，出血不止血。这当然不是他自己的凭空想象，而是基于他多年对脑病、脑髓理论的研究。而任继学之所以被中医界普遍认可，更是因其在创新中保持了中医传统，中医的内涵在他的身上体现得较为独特，也很纯粹。大家评价说，任继学主持的中医科研思路明确，方向准确。

为了进一步完善中医急症学学科，任继学与陈佑邦、王永炎、孙塑伦等专家又不失时机地筹建中医急诊专业委员会，于1997年1月成立并召开了第一次全委会，任继学任顾问，王永炎任主任委员，先后多次召开学术研讨会，任继学在此间多次做专题演讲，学界反响强烈。

在中医急症的教学上，1984年，任继学率先在中医院校组织开设中医急诊选修课，自编讲义，亲自主讲，带领范国梁、南征、盖国忠、任喜洁等学生门徒授课，弥补了当时中医课程体系中缺乏临床急救等不足，促进了中医高校增设《中医急诊学》课程等工作。尤其是在任继学承担的普通高等教育中医药类规划教材《中医急诊学》以及《任继学经验集》等书中，都充分体现了任继学构建学科的胆识与能力、扎实雄厚的理论积淀和丰富的临床诊疗经验。其中梳理了许多零散的论述，有别于其他临床各科，突出了中医急诊医学的特点，强调临床实用性等内容。特别是总论部分的构建，倾注了任继学三年半时间的心血，字字浸透着任继学的汗水，体现了任继学在继承中创新的学术特长，突破了内科、外科、妇科、儿科的固有模式，学有建树，术有所本，极大地丰富了中医急诊学的内容。如增设了百首新方剂，提出了权变法等实用新技术等，创新性地构建了脾心痛、气胸、卒死、胆胀共 17 个临床急症病症证治体系。

2003年，面对肆虐祖国大江南北的传染性非典型肺炎（简称“非典”），任继学身先士卒，研发出国内首个中医“非典”地方性防治方案，就“非典”的病名、病因、病机、诊断治疗等作了详尽的论述。他认为“非典”当属温病的时疫春温病，也称时疫肺热病。病因为时疫病毒，即感受时行疫毒，其毒为嗅毒，病位在肺胃，病性为温热。传播方式主要由口鼻而入，从鼻而入者经呼吸道侵犯于肺，所谓“温邪上受，首先犯肺”。而从口入者，直趋中道，损伤脾胃。首次用中医的理论解释了“非典”病人为何会出现肠道的症状。具体而论，原因有二，一是肺的经络，起于中焦，络于大肠，经者主气，络者主血，由肺的气道血道传于中焦脾胃。二是脾胃属土，居于中焦，以统四脏，是气机升降之枢，邪聚中焦，毒伤脾胃，脾胃受损，枢轴障碍，清气不升，浊气不降，胃气上逆，故有恶心呕吐。毒扰小肠、大肠者，受盛失职，传导不利，则可见腹痛、腹泻。

全国暴发“非典”疫情之初，中医介入不够，那一刻，任继学坐不住了，事关举国上下的疫病，中医岂能袖手旁观？时年78岁高龄的任继学不顾个人安危，亲自去找省领导请缨，呼吁要求中医参与“非典”的救治，并查找大量临床文献，整理出近10万字的资料，率先在国内制订出地方性防治“非典”方案，研制出清肺透毒颗粒、冲剂，并组织盖国忠、任喜洁等弟子编辑《中国瘟疫大全》。中医组进驻病区后，遇到拿不准的病例，就把临床资料传真给任继学，请任继学会诊开方。考虑到他已近八旬高龄，遂决定早七点前、晚九点后不再打扰他，孰料，任继学知道后，果断地说：“这是一场没有硝烟的战争，是发挥和突出中医药特色的最关键时期，也是向世界卫生组织宣告中医有能力、有把握战胜‘非典’的关键时刻，分秒必争，什么时候传过来，我什么时候开方！”

“非典”期间，经他手一共开出 120 多张处方。有一个“非典”病人 5 次下病危通知书，大家都认为其生还希望渺茫，任继学不仅开出处方，还拿出家中珍藏的中药梅花点舌丹等给病人服用，硬是将其从死亡线上拉了回来。在预防方面，任继学的处方“扶正除疫汤”，吉林省有十几万人服用，无一例发病。“非典”结束后，该方被研制成院内制剂，一直用于预防时疫病。与“非典”交战告一段落后，任继学又继续组织对股骨头坏死、肺间质纤维化等“非典”后遗病症的研究。更特别的是，任继学根据五运六气对于“非典”流行的预后和转归做了推断，而事实证明了其科学性。任继学说，2003 年是癸未年，天干为癸，地支为未，五运属火气不及，六气司天之气为太阴湿土。从小满到大暑当为司天之气太阴湿土当令，即“至而未至”，阴阳二气消长，寒热二气更迭，即正气来复，邪气当去。完全符合“非典”流行的季节。从

《素问遗篇》来看，2003 年的岁运为金疫，“速则壬午，迟则癸未”，正是肺系疾病流行的季节。

任继学因其在防治“非典”中的卓越贡献，获得了国家对防治“非典”有关的所有奖项，并因此于 2004 年获得“白求恩奖章”。

任继学对中医急症的研究自成体系。

在急症的病因方面，任继学重视“邪毒”论，提出“既言邪，必有形”。同时又强调：“邪虽自外来，其无毒者不入”，外因引动，伏邪内藏而毒泄，毒自内生。故主张“邪毒”论，风毒、寒毒、热毒最多发，疫疠时毒同样也不少。任继学对情志、饮食致病说亦有所发展，总结出内部滋生性、错综复杂性、机体反应调节性、靶点效应性等规律，对内生病因、意外损伤病因亦作了补充。

在急症的病机理论方面，任继学突破性地提出脏器脏真病机，“器者是人体生生化化的场所，真者是保证人体生生化化的动力，只有器真相承，气化和调，才能保证机体生化不息”。急症的病机突出体现了“脏器受损，脏真受伤”，强调急症的气、血、精、神和升降出入病机，尤其是高度概括了中医急症的传变病机，外感病机传变、内伤病机传变、意外损伤病机传变、瘟疫病机传变的普遍规律之常与变，临床意义十分重大。

任继学还明确了急症的治疗法则。任继学将中医急症的治疗原则归纳为急救为先、系统综合、诊治并重、防治结合等原则与正治反治、标本缓急、扶正祛邪、三因制宜、脏腑特性法则及传变法则、表里法则、治未病法则等具体法则，并赋予了新的内涵。同时系统归纳了宣透、清解、攻下、活血、醒神、吐洗、固脱、探病的中医急症新八法，切合临床，十分实用。结合目前中医临床急救现状，高度概括了内治、针剂、针刺、雾化吸入、肛肠注药、手术、正骨、情志疗法等八大救治手段，尤其是切合实际地列出了中医急症脏腑虚实补泻用药举例及常用中成药介绍，并恰当地提出了急症的调护要求、具体内容、调养理论与方法、预防措施等，构建了完整的中医急诊学的理论体系。其间有任继学独创的脏腑相通法则（如“肝与大肠相通”）等许多新论。

任继学领军构建了中医急症的证治体系。针对中医急诊临床实际，选取了103个常见急症的论治体系，完成了《中医急诊学》的编写，该书是目前中医急诊学收录最为完整的专著，其中血衃、心衰、肝衰、肾衰、肺衰、薄厥、急风、瘫缓风、头风、心包络病、肺胀、瘟黄、胆胀、脾心痛、时疫霍乱、血极、盘肠气痛、肠结等急症均是任继学率先在国内确定的新论治体系，方便实用，为临床论治及时地提供了理论上的指导和切实可行的诊疗手段，浸透了任继学的心血。首先，从释名、病象、病位、病情、病性、病因、病机、诊断与鉴别诊断、急救处理、辨证论治、权变法、调护、预防、历代医书相关内容选要、古今方剂索引、参考文献诸方面进行系统、规范化的叙述。其中权变法为任继学独创，旨在解决急症临床中的“变”，弥补了现代中医临床急救中的不足。其次，结合临床与古今论述，在理论上有较大的提升与改进。再次，扩展了近 300 首方剂，丰富了临床治疗内容。

治学严谨　学有法度

任继学治学严谨，讲究四点：

一、深究医理，循序渐进

任继学认为，研究中医学术必须有坚实的理论基础，才能深谙医理、付诸实践。俗语道："无边学海泛舟苦，有路书山辟径难。"中医文献浩如烟海，必须持之以恒地勤奋苦读，才能学到其中真髓，否则，学术研究从何谈起！那么，如何学习呢？任继学说："循序渐进是一种学习方法，也是一个不能违背的客观规律，否则欲速不达，若遵循这一规律，学必有获。"遵循这一规律，首先必须学好中医基础知识，如《内经知要》、《汤头歌诀》、《濒湖脉学》及《药性歌括四百味》等，这是习医者的基础必修课。从浅显易懂处起步，实际上是为学习高深的知识奠基。在没有透彻领悟和牢固掌握基础知识之前，不要急于学习高深的内容，以防顾此失彼。总之，学习中医理论的规律是先从基础开始，由初级逐步向高深精尖迈进，这种阶梯式递增、循序渐进的学习方法，深为任继学所推崇。

学习中医理论的第二个阶段是攻读、精学。有了一定的理论基础后，就要更上一层楼，向博学精深迈进，要有计划地学习经典著作，如《黄帝内经》、《难经》、《伤寒论》、《金匮要略》、温病四大家的著作等，先是粗读泛读，浏览其全貌，找出重点，然后是更精细的研读，将诵、释、体会三者互用，深究医理，深入浅出，客观地将所学知识融会贯通，施于临床，指导实践。

二、熟读精思，妙识通圆

医者是活人之术，学者不熟何以知医！术者不精何以活人！故熟与精，是对医者最起码的要求。任继学强调，医者对医理要博熟精深，对医技要熟练精湛，要精勤不倦，深入钻研，对中医的重要理论和经典著作的精辟之处，要熟读背诵，在“熟”字上下工夫，“熟能生巧”，只有熟，才能心领神会，窥其奥旨；只有熟，才能抓住要领，妙识通圆。不熟何以精思！不熟何以圆活！为学之道必本于思，思索生智，才能应变化之无穷，对于这一点，任继学领悟颇深，并身体力行。

任继学年近耄耋时，仍能着意读书，虚心观理，字斟句酌，熟读精思。他所读过的书，或打记号，或加批语，或作提要，或抒己见，从不浅尝辄止，这种潜心钻研医理的作风，实在令人折服。

任继学医理精熟，医技精湛，临证常能熟

练准确地引经据典。如有一患者经常夜间发烧两小时许，历更数医，久治不愈。然任继学诊毕，曰：“此有瘀血。”并明确指出《医林改错》某章某节有记载，遂遣方投药，一药而愈。事后经人查阅，准确无误。

任继学认为，对中医的重要理论和经典著作的精辟之处，能够熟练成诵和正确解释，这只是登上了一个台阶，尚需进一步努力。并强调坚持反思，总结规律，才能巩固提高。

任继学常说：“读书最忌不求甚解，好博不精，随学随忘，不加总结。”他主张“温故而知新”，“温故就是逐句玩味，反复精详，有所得，辄记之”，并验之于临床，只有这样，才能由熟而精，妙识通圆，有所创见，推陈出新。

三、研究诸家，知常达变

任继学认为，要开拓中医理论的知识面，就要遍览古今，研究诸家，取长补短，采众家之精华皆为我所用。主张学古，但又反对食古不化，他引用南宋陈善的话说：“读书须知出入法，始当求所以入，终当求所以出。”因此，研究诸家学术，不可因循守旧，要圆机活法，知常达变，师古而不泥古。他强调读书要明理而不泥字义，活用其法以符真义，临证最忌执一方而御百病，要守一法而应万变。

任继学对经方的研究造诣颇深，十分重视师其法而不泥其方。例如：他常用《伤寒论》的方剂治疗各种杂病，其中小柴胡汤原为和解少阳剂，但经加减化裁后，则用于治疗胃脘痛、呕吐、胁痛、心悸、不寐、咳嗽等多种内科杂症，均能取效。乌鸡白凤丸本为妇科良药，但任继学用于治疗内科杂病亦屡获良效。另外，任继学强调，研究诸家要敢于质疑，勇于创新，不囿于一偏之见。正因为任继学善于知常达变，故其医技也相当高超。例如，任继学治疗肝硬化腹水，重用生瓦楞、生牡蛎各 200g，生鳖甲 50g，水红花子 50g，大胆施用重剂，确可力起沉疴。尚有鲜为人知的外治法，用于内科杂症，更是独具匠心。任继学认为，外治可补内治之不足，使药力直捣病所提高疗效。如腹水，用利尿膏敷于神阙穴；结核性脑膜炎用吕祖一枝梅使其发泡；胆胀，用消痛膏外敷等，无一不效。由此可见，其医道之精深、知常达变之一斑。〔注：吕祖一枝梅，出自《外科正宗》。组成：朱砂、银朱、五灵脂、麝香、蓖麻仁、雄黄、巴豆仁（不去油），为毒性很强的中药制剂，具有泻火、解毒、醒神、祛头痛之功效，运用以毒攻毒的方法，通过穴位贴敷使毒邪外出。〕

四、涉猎广泛，择善而从

任继学学识渊博，不仅精于医道，对其他学科也素有研究，并常以辩证思想指导临床实践，故其遣方用药灵活有效。任继学认为，广泛涉猎其他学科的知识，能够开阔中医研究的视野，启迪思维。古人云："善读者，始乎博，终乎约。”学习中医不仅要掌握书内知识，更要了解书外知识。他说：“往往书内知识难以解释之处，却被书外知识给予点破，使之豁然开朗，茅塞顿开。”此谓触类旁通。

任继学要求学生广泛涉猎与中医相关的外围知识，如地理学、气象学、生物物理学、分子生物学等。他认为，疾病的产生，外因于天，内因于人，多与气象学、时间医学、地理环境有关，古医家“天人合一”的思想是很有道理的。许多资料表明，某些疾病发生的周期性和太阳活动周期在时序上有某些一致性。例如：统计证明，太阳活动期和太阳宁静期，心血管疾病发作和猝死比例数相差悬殊。又如：某年气候异常炎热，任继学根据运气学推测，该年冬季寒水司天，患外感者必多，结果应验了他的预测。可见，掌握与中医相关的外围知识，择善而从，对更好地完成中医学术研究，是十分必要的。

继往开来　学术创新

任继学的学术影响极大，被同行誉为中医“活字典”，对中医理论有精深的系统研究，临床诊疗效果突出，尤其是对急症研究和疑难病的研究，每多创新，许多观点为国内外同行公认，收载入国家规划教材《中医内科学》、《中医急诊学》之中。广州邓铁涛老先生誉其：“任老博闻强记，脑中有个中医文库，临床上有套真功夫。”南通朱良春赞其：“从事中医教学、科研、临床半个多世纪，精研医理，不尚空谈，结合临床，务求实效，对中医学之奥义，多有阐发，屡创新论，验之临床，疗效卓著。”中国中医科学院路志正评价为：“禀学渊深，承继活泉，其德高品良，术业精纯，思敏技巧，学问之日跃，临证之宏验，仰慕者日众……见解奇新，翔实而实用。”

从古至今，继承是创新的基础。任何科学技术的发展都离不开传承前人的知识技能。中医药现代化热潮或浪潮的背后需要更多的反思、更多的冷静、更多的系统思维和整体的定位。科学现代化，对于中医药来说，是历史的必然！任继学一直强调继承的重要性，认为继承是创新、发展的基础。《素问·举痛论》有云：“善言古者，必有合于今……如此，则道不惑而要数极，所谓明矣。”《类经》注云：“古者今之鉴，欲察将来，须观既往……”古今中外的大科学家们，焉有不重视继承者，中医药历代学术发展均离不开中医四大经典。中医药学术体系是一个庞大的、复杂的巨系统，上天文，下地理，中人事，无所不括，自然在其学术内容上就十分丰富，其间许多深刻的学理，光辉的见地，独特的见解，妙巧的医技等精华，稍加研究，合于现今实际，就可能是重大的突破。如青蒿的研究源自《肘后备急方》，肾实质的研究脱胎于《本草纲目·胡桃条下》，真心痛证治理论是任继学受《素问·生气通天论》“营气不从，逆于肉理，乃生痈肿”的启发。脏腑相通是独立于五行生克制约之外的理论，是任继学继承《灵枢·五乱》篇和《医学入门》的理论，结合临床实践而发挥的。其他如高热治肝理论源自《医学真传》“肝主肌腠”。毒滞肌腠致热观是任继学的学生经过临床血清流行病学研究证实的，临床研究也证实本法明显优于常规方银翘散。上述诸例，均说明中医药的发展、创新，基础在于继承，要在继承中求发展，否则易陷入西化或废医存药的歧途之中。重视继承不忘本，且能有所创新，就有可能弥补或填补医学界的空白，为人类作出更大的贡献！

中医药学术必须要发展，要前进，要有所

创新，才能够提高中医临床疗效，服务于病人，提升中医药在医疗卫生事业中的贡献度。任继学以中医为己任，从不懈怠，孜求于中医药书海，扎根于临床实践，耕耘在教学与科研工作中。急性出血性中风破血化瘀、泄热醒神证治理论，是20世纪80年代初，任继学在临床实践中诊疗小量脑出血运用活血化瘀法个案体悟，结合《内经》“脉舍神”和历经五届研究生及10年研究而构建起来的，先后得到科技部、国家中医药管理局、吉林省科技厅的资助，现已推广于全国各地。真心痛清解化瘀、兼调肝肾证治学说，启发于《验方新编》四妙勇安汤和“心主身之血脉”、“痈”学理论以及《医学微义》等创新的，科技部“八五”攻关项目证实了该项创新的科学意义与应用价值。伏邪理论是任继学在2002年提出的，是本于温病学伏邪认识和临床实际情况的体悟，亚健康、疾病态和康复等众多环节均存在伏邪问题，病象不显而病难痊愈，必有伏邪，这有可能是近年中医药现代化的突破口，对中医临床客观化、规范化，对中医理论和实践均有重大的现实意义，其学生已将这方面的研究申报为“973”课题。任继学对虚损学说的研究始于虚损性肾衰，系统梳理了中医虚损理论的源流。首先提出虚损性肾衰的病名，并针对虚损病机进行辨证论治，在学界引起广泛反响和震动。之后，他又将虚损理论推及于许多疑难杂症的研究，如血证、系统性红斑狼疮、骨痹、消渴等，对这些疾病的发病理论及辨证论治有了深层次的认识。脏器脏真病机学说是任继学在主编的《中医急诊学》中率先提出的，器真一统是维系生命的基础，器病与真气伤病既有联系也有区别，意义不同。其他如禀赋理论，道学、象学内涵，药害学说，医易相通思想，内毒病因说，脏腑相通理论，人体三维生理系统论，脏腑特性治则，临床教学体系等等，也是任继学几十年来的临证体悟和学习体会，这些都是在继承基础上的创新。

任继学从《悬壶漫录》开始，在中医传统病名的基础上，陆续提出了一些新的病症名称，既有原有的内涵，又扩大了外延。这些新病名包括：时行感冒、懈亦、胆胀、维厥、脑痨痓、骨痹、心痹、急性肾风、慢性肾风、腹膜结强、脾心痛、心衰、虚损性肾衰、肺衰、风头眩、脑髓消、邪祟病、真心痛、急性乳蛾、水毒症、血极病、肺心同病、瘫缓风、衃血症等。任继学系统阐述其理论，其中急性脾心痛、急性胆胀等病名被普通高等教育中医药类“十五”国家级规划教材收录使用。

任继学在学术上高瞻远瞩，绝不盲从，他的一片丹心始终牵挂在中医药的发展前途上。这种学术上的忧患和孤独恐怕不是肤浅的人所能体会到的。任继学始终坚持，能用中药治的病坚决不用西药，看见学生不用中药只用西药十分生气。他讲求西医为我所用。

任继学虽然执著于中医，但他也强调，中医必须吸收一些现代其他学科的研究成果才能进一步发展。有一次，有个学生在书店里看到《中医药分子生物学》，心想这也算是中医方面的前沿书籍了，便买下来送给任继学，没想到任继学却乐呵呵地说："我早就看过了"。这让该学生知道原来老师可不是只盯着古书看的，像《内经生态观》这样带有中医反思性质的"现代书"，他也看了不少。

在一般人的印象里，总觉得老中医不懂西医，实际上，任继学对西医的很多理论都有研究。对此，他这样认为，中医研究西医的目的是为了让中医站得住脚，为中医的发展找到科学依据。但是他坚决反对中医西化，反对弟子背叛中医。许多弟子都清楚地记得，一次在长春中医学院附属医院脑病病区查房时，一位研究生汇报新入院的一名发热病人的情况，对病史、体检、诊断都用西医的一套来描述，并使用抗生素处理。任继学对此勃然大怒，严厉质问："你是西医医生还是中医医生？诊断不明，不辨证候，病人来了就输液，发烧就用抗生素，你知道抗生素的危害吗？"任继学一连串的发问让这位研究生无言以对。多年后提起这段经历，任继学竟开始自我检讨："我发现自己的毛病也不少，学生都怕我，医院里的其他大夫也怕我，大概是我缺乏和蔼可亲的作风，说话也太直，别人不好接受。为这，党员生活会里我没少挨批评。但是我只要一发现学生不好好学中医，我就生气，生气了我就骂他们，今后我会彻底克服这个毛病。"

中医西化之风必须扭转，任继学一直抱有这样的信念。他反复强调说："中医是一个博大精深的科学体系，是中华文化的瑰宝。近年来受社会大环境影响，加之中医教学的方法、培养目标、师资等因素，中医出现从属于西医的倾向。主要是由于年轻医生不善读医书，不会综合分析，才离中医之道越来越远。”

反对中医西化，任继学更是坚定的践行者。为培养中医人才的后备力量，他和邓铁涛聚集全国各地名老中医联合招徒，一来为全国培养中医人才铺平道路；二来探索培养科研人才的思路和方法，从而带动全国中医系统改善中医治疗和教学方法。任继学坚信：只有拥有学术内涵，真正掌握辨证论治理论，才能抵制并扭转中医西化之风。

任继学始终站在中医的立场上，力争把中医药研究做深、做透，秉承中医活源，继往开来，学术上才能不断创新。

勤求古训　善用经方

任继学看书过目成诵，记忆力非常好。学生们都说，有老师在，我们都不用翻书。一次学术会议上，任继学 40 分钟的发言，竟然一口气点出了 150 本古医书和作者，震惊四座。会后，一个年轻人特地到图书馆一一查对核实，竟无半分差错！此后，一些知名不知名的大小专家都会小心翼翼地问：任老啊，关于某某问题那个什么书上是怎么说的了？任继学都能对答如流，还会说："《诸病源候论》的某某页上，回去看看。"同样，在一些答辩会上，有任继学在，大家就变得很紧张，真正过了任继学这一关，那才叫功夫过硬。这里面自有任继学的天分，但也有他的勤奋：在北京中医学院读书时，任继学看遍了图书馆里的所有线装书，工作人员都知道，那个固定的座位谁也不要占，是任继学的，他每日准时来。任继学家里有3万本藏书，且多是泛黄的古书，任继学每一册都读遍、批遍，而且清楚地记得每本书存放的位置。一次，任继学的学生南征借阅还回后随手放到了别的书架上，任继学查找时马上就发现："小南征，借我的书没给我放到原位吧？"任继学经常在50分钟的讲座中，不用讲稿，却滔滔不绝，胸有成竹！也正因如此的博闻强记，任继学做决策也格外果断。他认为，对中医一些不正确的认识，恰恰是因为功底不深，经典读得不透。任继学重视古文献和经典，重视国学，但绝不纸上谈兵，说起他治病的疗效，很多名师大家都会竖起大拇指。

任继学家里书房不大，但四周全是书柜，书柜上堆满了泛黄的中医典籍，进入书房就仿佛走进了一个小型古籍珍藏馆。近前一看，每本古书上都夹着泛黄的书签，书签上记录着任继学阅读时的心得体会。据吉林省中医药管理局的同志介绍，这里的有些藏书是很多颇有规模的图书馆都没有的，这是任继学一生收集的古医书精华。任继学的案头上常摆着几种古色古香的茶具，书房的空气中也常弥漫着淡淡的茶香，任继学显然是一个喜爱喝茶的人。在没有人打扰的日子里，他多是“埋身”于书房之中，在浩瀚的中医古籍里边读边悟，每有新的感悟，立即用毛笔记录下来，夹于书中。

“中医实际上是人文与自然科学的综合体，涵盖数学、物理、化学，中医理论是真正严谨的科学，每一味药用多大剂量都有严格的讲究，而且中医处方较之于西医处方更为谨慎，注意了药源性危害。干了一辈子医教研，最吸引我的就是中医经典！”

很多人认为，对于目前培养出来的中医学

士、硕士、博士乃至博士后，无论从中医理论还是从科研思路上，都拉不开档次。任继学说："这是个严重的问题！"他认为："青壮年医生要静下心来，系统深入地读中医经典著作，只有把经典读透，在全面把握中医内涵的基础上，才有可能找出创新点。"

"书读千遍，其义自现。我的好多经典古籍都读坏了，像《黄帝内经》、《本草纲目》读坏了 10 本，不得已用糨糊粘住，但好多学生都跟我要读坏的书，因为上面有我的评语。所有古代医书读一遍深入一遍，再读一遍强化一遍，读第三遍才能明白它的精髓，第四遍才能体会它的中心要义，才能写一篇合格的论文，在论文的基础上，才能体会古人论断的正确。"

任继学正是在广泛、深入研读经典的基础之上，才真正做到了临床用药精当、疗效确实。

任继学用药讲究功专力宏，药味少、剂量大。中药的临证配伍、选方用药，灵活多变，要求动静结合，有动有静，有升有降，有内有外，方剂中药物搭配的恰当与否，直接影响着治疗效果，而药物的用量，对疗效亦有很大的影响。因此，任继学临床用药时，一贯主张辨证要准，用药要精，药味要少，搭配得当，必要时加大剂量，目的在于功效专一，集中优势，直捣病所。任继学认为，临证时凡是辨证准确，但又久治不愈者，一般而言，多属病重药轻，杯水车薪，是谓不及。或因用药繁杂，功不专而力不宏，故而难以取效。因此，任继学认为，必须大胆施用重剂，方能力挽沉疴。例如，任继学治疗肾病颇有名气，他尤其喜用土茯苓。土茯苓首见于《滇南本草》，归肝、肾、脾、胃经，甘平扶正，淡渗湿毒，临床可用于湿热邪毒所致痹证、淋浊带下、疮疡肿毒等。任继学善用土茯苓解毒除湿，治疗肾风蛋白尿及湿浊头痛，尤以前者为多。《本草正义》谓土茯苓“利湿去热，能入络，搜剔湿热之蕴毒”。任继学认为，土茯苓为治湿毒要药，归经脾肾，能通经透络，解毒除湿，它既能渗利湿浊之邪，又能正化湿浊而使之归清，湿渗浊清毒解，精微固藏，尿蛋白自可消除。土茯苓“败毒祛邪，不伤元气”(《本草秘录》),《救荒本草》云其可以代粮，故长期大剂量服用无明显毒副反应。任继学治肾风常重用土茯苓至200g为君药，疗效显著。又如，有这样一个案例，一位48岁男性患者，因中风入院治疗。患者合并呃逆，连续发作1周，多法治疗均未奏效。任继学指出，此为气逆，投用莱菔子50g、木香50g，1剂而愈。任继学用药量大，自有其道理，这些道理都是从实践中探索出来的宝贵经验，是在临床严密观察下，选择的最佳剂量。有时为了确保安全，任继学甚至亲自尝服。

任继学对经方的研究，造诣颇深，每于临证时，师其法而不泥其方。例如小柴胡汤，原为和解少阳之剂，但任继学加减化裁后，用治多种病证，效果俱佳。任继学认为，小柴胡汤中有五味药可以变换，唯柴胡、甘草不可变更。并一再告诫学生，方中只要有柴胡、甘草，就具备小柴胡汤的原义。张仲景“但见一症便是，不必悉具”的深义，即在于此。例如治咳嗽：虚火者，去人参加五味子、麦冬、玄参；有实火者，去人参、半夏，加黄连、黄芩、黄柏；燥咳者，去人参、半夏，加天冬、麦冬、生地黄、玄参、阿胶，等等。

任继学对经方在继承的基础上，亦有颇多创新发挥。四妙勇安汤最早见于华佗《神医秘传》，清末鲍相璈将其收载于《验方新编·卷二》中，并命名为“四妙勇安汤”，由金银花、玄参、当归、甘草四味药组成，组方严谨，配伍独特，具有解毒、滋阴、活血、通络功效，原为治疗热毒型脱疽的一则著名古方。任继学受《素问·生气通天论》“营气不从，逆于肉理，乃生痈肿”的启发，提出了真心痛的证治理论，将四妙勇安汤用于治疗真心痛，屡获良效。真心痛相当于现代医学的急性心肌梗死，其发病机理是因“心之先天”（《慎斋遗书》）禀赋五行失序、阴阳不和，潜藏厥心痛之根源，复因情志之变、饮食之伤、劳逸之耗、外邪之害等，造成心脏脏真受伤，心脉痹阻，心营不通。“营者，血之徒”，营气不从，逆于肉理，则血壅肉腐，生热聚毒，心脉之膜络为腐毒所伤、痰瘀所阻，心体大损，心脉闭塞，发为真心痛。其中热毒瘀滞脉络是发病的病理学基础。因此，治疗应以活络行瘀、清心解毒为要。方中金银花清热解毒、通脉活血，“少用则力单，多用则力厚，尤妙在补先于攻，消毒而不耗气血，败毒之药，未有过于金银花者”（《本草新编》），故用 30～50g 之大量，且需后下，取其芬芳透络解毒之气；当归辛温走窜，活血和血，为血分要药；玄参苦咸而寒，功擅清解血分之热毒而滋阴液，营液充足则脉道流畅，如若脾虚，则用炒玄参；生甘草泻火解毒、缓急止痛、稳定血压，且可调和诸药。诸药相伍，清解血分热毒，兼可活血通脉，瘀毒得去，疼痛可止。本方虽原为脱疽而设，但脱疽亦为血脉瘀滞，营气不从，逆于肉理，壅而为热，血败肉腐而成，与真心痛在病机上相合，故移治此病。

鲤鱼汤出自葛洪《肘后备急方》，鲤鱼为血肉有情之品，“精不足者，补之以味”，故任继学用其补精，鲤鱼补而不壅，精足则能持水、吸水，“裹之辅之”，使水精并行，而不泛溢于外。任继学善用鲤鱼汤治疗各种“精微不足、精不持水”所致的水肿，屡起沉疴。

心衰之名，出自《圣济总录》，又名心劳，现代临床称之为“心力衰竭”、“心功能不全”。气为力之本，功之根，故“心主动，志一则动气也”。心气虚则心动无力，久之则心力内乏，乏久必竭。白通加猪胆汁汤为《伤寒论》中治疗少阴病的主方，由附子、干姜、葱白、人尿组成，亦即四逆汤去甘草加葱白、人尿。而名之为白通，以葱白能通阳气。葱白之辛，以通阳气，姜、附之辛以散阴寒；加人尿者，以人尿咸寒之品入白通汤热剂之中，要其气相从，则可以去格拒之患。因此，任继学在临床每遇急性心衰患者恒以此方为主加减，多能效如桴鼓。

任继学临床用药竭力避免药害致病，重视炮制。例如：任继学临床喜用秘制大黄通腑泄浊、推陈致新，治疗虚损性肾衰。

秘制大黄法：用上等锦纹大黄 5000g，第一次用炮附子 300g，煎汁拌之，拌透，然后上笼屉蒸 10 分钟，取出候干；第二次用法半夏 400g，煎汁拌透，上笼屉蒸 10 分钟，取出候干；第三次用黑豆 300g，煎汁拌透，上笼屉蒸 10 分钟，取出候干；第四次用川厚朴 350g，白术 100g，煎汁拌透，上笼屉时，先将笼屉内帘子铺上侧柏叶一层，然后将拌好的大黄放在侧柏叶上，盖上盖，蒸10分钟，取出晒干待用。该方法见于《清太医院秘录医方配本》之“秘制清宁丸”。“天地之气则随阴阳寒暑之令，人之禀赋亦从生克制化之源，内合五脏，外应五行，则有周流循环不已之数。即人之五脏六腑，使阴阳之气各有升降之理，上下交泰，人身清宁矣。”可见秘制清宁丸是顺应人体生理之常而设，可“升清降浊，明目止眩，滋润脏腑，通利关节……功难尽述，效莫大焉”，“可以常服”。任继学针对慢性肾功能衰竭的病机特点，在此法基础上，于第一次用炮附子煎汁拌大黄蒸制，以制其寒性，使之更适于虚损性肾衰患者服用；第二次炮制所用之法半夏，“力能下达，为降胃安冲之主药”(《医学衷中参西录》)，故可化痰散结、和胃降逆止呕；第三次用黑豆补脾益肾、利水解毒；第四次用川厚朴、白术健脾理气宽中。生大黄经秘制大黄法炮制后，其苦寒之性得除，用之不伤气、不耗津、不损阳，可引邪外出，避免了因应用生大黄而产生的副作用，从而提高疗效。

任继学认为，凡顽症、痼疾，欲起沉疴，拯危候，必用毒剧之品，方能功效独到。他常说："人之性命，非同草木，岂有不慎、不明、不辨之理乎！"所以，临证时凡久病不愈者，必用虫类药或毒剧药搜剔病邪，通经活络，气血流畅，其病自愈。中风一证，是临床上最常见的疾病之一，不论是缺血性中风，还是出血性中风，而其病机是气血逆乱，上犯于脑。气逆于上，为风为火；血逆于上，为痰为水。为此，中风病人首选水蛭。任继学说："水蛭最善逐瘀血。"另佐土鳖、虻虫、川芎、苏木。临证观察，用水蛭清除血肿，化瘀活络，疗效可靠。对于一身尽肿的病人，则重用蝼蛄、蟋蟀之类。他说："蝼蛄治水甚效，但其性寒，较为峻烈，虚者慎用。"一般剂量 5～10g，散剂每服 1～2g，日服 3 次。而蟋蟀则性微温，用于慢性肾风之水肿，常有良效。对于顽固性痹证，善用土鳖、蜂房、蜈蚣、地龙、乌梢蛇等，每每收效。另外，对于行气消食，任继学最善用九香虫、五谷虫；而息风镇惊，又喜用全蝎、蜈蚣、僵蚕等。任继学临证时，不仅善用虫类药，而且只要病情需要，则胆大心细，即使是毒剧药，他也从不惧用。任继学说："用毒剧药虽担风险，但只要辨证准确，用量适宜，不仅能有效无损，且能收到速效、显效。"如硫黄、雄黄本为有毒之品，临证外用多内服少，但任继学用治急性、毒热内盛之便秘，必用雄黄顿挫之；而治疗顽固性肠麻痹，则必用硫黄。中医参与"非典"治疗时，任继学发现，外用药紫金锭是救急良药，可起死回生。但因其含大戟、雄黄等毒剧药，学生们不敢给患者内服，任继学果断地说："没关系，出了问题我负责。"

任继学不但善用内治法，而且善用外治法，往往独具匠心。他认为，外治可补内治之不足，使药力直捣病所，上病下治、内病外治，提高疗效。吴师机曰：“外治药中多奇方，学识未到，断不能悟。”对急症、痛证任继学运用外治法最多，并常收立竿见影之效。如中风病人的手臂肿胀，任继学喜用透骨草 50g，络石藤 25g，伸筋草 50g，五味子藤 50g，土鳖虫 10g，秦艽 50g，煎后熏洗，日 2 次，每次半小时，效果佳。对血管神经性头痛，则用“透顶止痛散”醋调后，外敷太阳穴、印堂穴，效果较好。“降压汤”为任继学治疗高血压病而创制的外用方剂，以炮附子、吴茱萸、透骨草、罗布麻、茺蔚子为基础组方，功擅引火下行，水煎泡足治疗高血压病疗效显著。

格林-巴利综合征为周围神经急性或亚急性炎症性脱髓鞘性多发性神经病，为世界性疑难病，目前尚无特效治疗方法。任继学在《任继学经验集》中将本病以“瘫缓风病”论治。任继学认为，本病病位是以督脉与脊髓为发病之本，并指出本病虽为督脉与脊髓发生病变，但人体由经络连接，以气道、血道、液道、水道相通，因此，本病属于全身反应性疾病。马钱子，又名番木鳖，味苦性温，有大毒，归肝、脾经，始载于《本草纲目》，具有散热消瘀、消肿利咽、通痹止痛、接骨续伤、清热解毒的功效。《外科全生集》谓其“能搜筋骨入骱之风湿，祛皮里膜外凝结之痰毒”。《医学衷中参西录》则对其倍加推崇，谓之能“开通经络、透达关节之力，远胜于他药”。任继学首先应用炙马钱子 1～2g 吞服治疗格林-巴利综合征，均获显效，目前已在临床推广开来。

出血性中风是临床急危重症，任继学认为，病在急性期治则是以通为主，缘此病是标急本缓，邪实于上，新暴之病，必宜“猛峻之药急去之”，邪去则通，阴阳气血得平。任继学首次提出破血化瘀、泄热醒神、化痰开窍的出血性中风治疗总则，这突破了前人见血止血的观念，为出血性中风的用药提供了依据。“破血化瘀、泄热醒神、化痰开窍治疗出血性中风的临床与实验研究”获得科技部科技进步三等奖。

任继学用药精当，组方严谨，疗效确实，他在组方用药方面的深厚积淀，直接促成了多种新药应用于临床。他创制的准字号成药：醒脑健神胶囊、益脑复健丸、中风脑得平、澳泰乐冲剂、肺宁冲剂、返魂草冲剂、抑亢丸、延龄长春丹、止咳宁嗽胶囊，已在广大患者中使用。

知行并重　屡起沉疴

任继学博览群书，精通经典，擅长中医内、外、妇、儿诸科临床，对内科急症，心、脑、肾疾病及许多常见多发病和疑难杂症颇有研究，成就显著，挽逆救危，活人甚众，颇负盛名，深受广大患者和同道们的认可和好评。任继学之所以医术高超，关键在于他知行并重，善于将理论与实践相结合，临床治病，屡起沉疴。

1994 年，有一郑姓患者求诊于任继学。该男 47 岁，因右侧肢体瘫痪 3 天而就诊。患者于 3 天前酒后夜寐中，出现右侧肢体麻木，未治疗，两天后逐渐加重至右侧肢体活动不遂，语言謇涩，头颅 CT 证实为右侧基底节区多发性脑梗死。患者形体丰硕，颜面红赤，神志清，大便秘结，小便黄赤，舌红，苔薄白，右侧肢体全瘫，血压128/80mmHg。任继学诊后指出，《素问·通评虚实论》云："仆击偏枯……肥贵人，则膏粱之疾也。"该患者平素嗜酒肥甘太过，致使形体丰硕，腠理致密，脂膏堆积于内，为瘀为滞，久则转化为脂液，渗透于营血，附着于脉络，气血难以通利，积损为病，又因嗜酒肥甘，滋生湿热，蕴积为痰，热亦煎津为痰，痰热瘀互结，循经上犯于脑脉，窍络失利，脑脉绌急，而发本证。当诊断为"缺血性中风（风痰瘀血，闭阻脉络）"，治当活血化瘀、化痰通络。处方中多虫类之品，任继学指出，用水蛭、虻虫活血破瘀生新。《临证指南医案》云，"借虫蚁血中搜逐，以攻通邪结"，实为治疗中风之良药。病人入院治疗23天，痊愈出院，又巩固治疗1个月，追访一直未复发。任继学指出，本例患者治疗及时亦是取效的关键所在。

中风病急性病程为28天，此期以破血化瘀、泄热醒神、化痰开窍治疗，效果良好，若进入恢复期才予以治疗，则肢体功能不易恢复。正如《中风斠诠》指出："活血通络以疗瘫痪，亦仅可施之于旬月之间，或有效力。若其不遂已久，则机械固已锈蚀，虽有神丹，亦难强起矣！"

1996年，一老年肠麻痹患者求治于任继学。患者65岁，29年前因工作繁忙、生活不规律而出现便秘，初起每日排便一次，继之2～4日一次，以后每半月一次，伴有腹胀痛、肠鸣，大便溏结不调，便后腹痛减轻。1990年后，患者大便质硬色黑，但非柏油状，曾历更数医久治不效，近经某医院诊断为肠麻痹，行灌肠输液等对症治疗，其效不显，后则非灌肠不能便，故来任继学处求治。刻诊：便秘，腹胀痛，手足凉，气短乏力，嗜卧懒言，食少纳呆，消瘦尿少，平素急躁易怒，面色青黄，舌淡苔白，脉沉虚无力，血压125/80mmHg，左下腹可触及条索样硬块。任继学诊毕，认为该患者五脏俱伤，脾气不升，胃气不降，肝失疏泄，肾失开阖，大肠传导失司，故致便秘。中医诊断为虚劳便秘。治以益气养阴、壮阳通便。处以内服及外用敷脐药物治疗。方药：桃仁、紫菀各 15g，当归、杏仁各 10g，寸芸 30g，青皮、枳实、荷叶各 5g，煨皂荚子 2g，鸡内金 20g，黑芝麻 50g，枸杞子 20g，党参 10g。水煎服。另用皂荚子 3g，麝香 0.1g，大黄 5g，当归 25g，蜂蜜调敷神阙穴，加热水袋外敷，1 日更换 1 次。上药 1 剂服后效果不显，又予硫黄粉 5g，分 2 次冲服。病人药后自觉腹部温暖，有便意而不能排，复又投用大承气汤加味 1 剂。药用：大黄 10g，芒硝 5g，枳实 5g，川厚朴 15g，当归 20g，党参 20g，甘草 5g。水煎服。药后大便已能自行排泄，为巩固疗效，任继学又嘱调理五脏、益气养阴润燥，又投药如下：紫菀 20g，杏仁 5g，白芍 15g，黑芝麻 50g，寸芸 20g，鸡内金 15g，麦冬 30g，党参 10g，当归 15g，火麻仁 5g，远志 15g，煨皂荚子 3g。水煎服。另服硫黄粉 1g，1 周服用 2 次。病人 1 个月后彻底痊愈。任继学指出，《素问·五脏别论》云“魄门亦为五脏使”，故心液不降、肺失肃降、肝失疏泄、脾失转输、肾失开阖，五脏功能失常则不能启动大肠传导之能，导致便秘。该患者便秘近 30 年，始终治不得法，致使阴亏阳衰，五脏俱虚，故根据阴阳互根之理，调其五脏，益气养阴，壮阳通便，故而痊愈。

2002 年，有一董姓男患者，24 岁，因反复心悸 10 余年而求治于任继学。患者 10 余年前无明显诱因而时有心悸，未予重视。近一年来症状加重，曾至北京某医院系统检查，诊断为“肾上腺皮质功能减退症”，因惧怕激素的副作用，遂来任继学处就诊。就诊时仍时有心悸，余无明显不适，舌淡红，苔薄白，脉沉缓无力，血压 96/58mmHg。理化检查：血皮质醇上午 8

点 2.4μg/dl，晚上 8 点 1.6μg/dl。尿皮质醇 4.0μg/24h。任继学诊断为“虚劳”。他指出，“肾上腺皮质功能减退症”是因肾上腺皮质激素分泌不足，临床表现为虚弱、疲乏、厌食、腹泻等一系列功能衰退的症状，中医将它归属于“虚劳”的范畴。该患者幼年起病，系因先天禀赋薄弱，真元亏损，遵《黄帝内经》“劳者温之”，“精不足者，补之以味”之旨，治疗以滋阴填精、益气壮阳、安神止悸为法。任继学随法处方，配合口服成药龟灵集，共治疗一年余而痊愈。

任继学敏悟笃学，勤求古训，研经师古而不泥古，敢于突破禁区，不断开拓新的研究领域，创立了很多新的诊疗理论，更加注重理论与临床实践密切结合，在急危重症及疑难杂症方面的治疗上屡建奇功。

科研教学　二者并举

中医科研就是要促进中医药的快速发展，以发挥特色优势和继承创新为主线。任继学中医科研思路明确，方向准确，设计合理，方法得当，成就显赫。任继学自 20 世纪 70 年代末、80 年代初开始进行现代化的中医药研究，他曾主持国家“七五”、“八五”、“九五”科研课题，省部级科研课题，厂校联合课题多项，均顺利按计划完成，通过了国家省部委成果鉴定和评审。曾获国家科技进步三等奖二次，省部级科技进步二等奖二次、三等奖二次，出版专著两部，发表学术论文 100 余篇，其中“中医治疗急性缺血性中风的临床与实验研究”和“中医治疗急性出血性中风的临床与实验研究”获国家“八五”科技攻关重大成果奖；“破血化瘀、泄热醒神、化痰开窍治疗出血性中风的临床与实验研究”获国家中医药管理局中医药科技进步一等奖和科技部科技进步三等奖；“肺宁冲剂治疗急慢性呼吸道感染的研究”和“肝炎春冲剂治疗病毒性肝炎的研究”均获吉林省科技进步三等奖；“澳泰乐冲剂产品开发”获延边州科技进步一等奖。

他早在《悬壶漫录》中就提出了生物模式、物候模式、宇宙模式、象数模式、时间模式、心理模式、物理模式、气功模式作为中医学有代表性的八大科研模式，为中医的研究提供了方法。针对过去有些人认为中医没有解剖的说法，任继学提出了“解剖模式和实验模式均是研究中医的重要模式”这一学术论点。通过详阅文献可以发现，我们的先辈对脏腑和骨度均有较详细的研究。另外，在《汉书》、《五脏论》、《五脏诀》、《针灸大成》、《医林改错》等古籍中，均有关于解剖知识的记载，对此任继学均有详细的论述。

任继学针对“中医并不是经验学科，重视的只是实践而没有实验”的观点提出，其实中医从神农尝百草就开始了人体药物实验。到了唐代，陈藏器《本草拾遗》中就开始有了自然铜能接骨的动物药理实验研究，《本草衍义》中也有类似的动物实验记载。《朝野佥载》中有用小鼠做红矾的毒性实验。明代的动物实验研究就更常见了。由此可见，实验模式也是中医的一个研究模式。

任继学非常重视中医基础实验室内涵建设，在《任继学经验集》中，他指出，立足于中医理论和支撑中医学术框架的应是中医基础实验研究的基石，包括：中医基础理论指导思想与思维方法的研究；中医基础理论的数字化研究；中医基础理论研究的物理化手段；中医基础实验研究的生物学内容；中医基础理论研究的其他内容等等。

任继学还认为，中医内科科研方法及模式，要具有创新性、实用性、可行性，要先继承、多学科、标准化、规范化。他归纳说，每个病要系统整理；病名要准确，全国要统一；诊断客观化，脉象仪器化；医学研究模式多方位。由此可见，中医学不仅仅是一门多系统相互交融的学科，而且对许多现代学科的发展有着重要的参考价值和指导作用。

任继学曾明确指出："中医研究"与"研究中医"模式的根本区别在于是否以中医药理论和实践为指导。不能只是"研究中医"，而要进行"中医研究"；"研究那些高级的一二类药物为什么没有疗效，为什么不受广大患者认可，反而那些古代名方、经方经久不衰，难道不值得深思吗？"

任继学认为，中医要创新发展，首先得系

统了解自己，只有这样才能有的放矢。我们不应对中医妄加评论，而应踏踏实实地对古文献进行认真地发掘整理，找出本质所在，同时结合现代科学，这样才能走中医自我发展的道路。

任继学不但注重中医科研，而且非常重视中医教学。长春中医药大学附属医院（原长春中医学院附属医院）的中医内科学课程是国家精品课程，是省级重点学科，其中倾注了任继学50多年的心血。集体备课、统一教学方案沿用至今。形成了以病、证、症、候、理、法、方、药、调、防为核心的内科学独特体系。课堂讲授规范为十二大类，包括：概述，病象，病类，急、危、险、逆、顺证，病程，病因、病机，诊断与鉴别，辨证论治，权变法，转归与预后，预防调护，小结。任继学作为长春中医学院中医内科学的创始人，在学科建设中，首次明确提出了中医内科学的特点，他认为，内科学是病、证、症、候、理、法、方、药、调、防为核心的独特体系。区别以上体系中十种特点的方法为辨证十法，通过辨证十法，把疾病特点分析出来，使辨证论治更清楚，从而提高疗效。

为了培养精于临床的学生，任继学带领教研室学科骨干坚持集体备课，开展教学法研究，调整授课内容，使讲授内容更切合临床。从临床实践出发在国家统编教材基础上补充病种23个，如肺心同病、心厥、心痹、克山病、心衰、心源性脱证、急风、脾心痛、胆胀、水毒证、肾风等。在增加新病种同时，对课程教学体例进行改革，形成了比较完整的课程教学体系。1999年中医内科学课程总结了任继学50余年的教学成果，由其弟子们编写了《中医内科教学与临床》一书，该书成为课程教学、学生学习的必备参考书，形成了长春中医学院中医内科学教学的特色，影响深远。在任继学的带领督促下，中医内科学学科走过了辉煌的历程，课程建设已取得丰硕成果，他培养的教学骨干，如今成为了学科建设的中流砥柱。

任继学在50余年教学工作中，为人师表，教书育人，桃李满天下，已培养百余名硕士研究生，10余名博士研究生，其弟子中已成为博士研究生导师者9人，在全国百名中青年中医评审中其弟子1人获金奖，1人获铜奖，全国读经典搞临床做名医活动选拔百名人才考试中1人获全国第九名。

任继学对待自己的学生，既严厉又开明。任继学是从私塾中走出来的，后来又拜师学艺，受的是旧式教育，那时除了跟老师学习医术，还要包揽老师家里所有的杂活，像烧火做饭、种地、看护孩子等，都要干，对于少年的任继学来说，那可谓是一段艰苦的时光。但他对待自己的学生，只是在学习和品格上严格要求。任继学经常会随时考考他们，并说："我要是发现你们去唱歌跳舞，不好好花工夫学习，就别想毕业了！”但任继学又非常疼爱自己的学生，他外出一定会抽空去书店，自己掏钱给弟子买书，也经常对学生们说：“要啥条件，我给你们跑，你们把中医药事业搞上去就行！”但凡自己读书有所领悟，也马上把学生们召集到家里“上课”。严师出高徒，任继学的门生们个个都基础扎实，成为全国各地中医界的骨干。

谈起中医教育任继学自然也有很多自己的看法，但是他从没有对现状大发牢骚或是心灰意懒，相反，他能够客观地看待问题，尽其所能多做一点事，始终对后辈寄予厚望。

曾经有位记者在采访任继学时说：有一个比较流行的观点，说中医教育几十年没有培养出名中医来……话未落地，耿直的任继学已经表态：我认为不能这么看。新中国成立后这几十年的中医教育，培养了大批实用型和科研型人才，中医队伍逐渐壮大起来。如果说没培养出名医，那把北京中医药大学的王永炎往哪写啊，上海中医药大学的严世芸、蔡淦往哪摆？任继学接二连三地又举出数十位专家的名字，他说，名医只能是少数，这些都是中医学院培养出来的一代名医，不论是从事临床还是教学，他们都是我们中医队伍的骨干。中医学院没培养出真正中医的说法，是不太确切的。

对于中医教育，任继学认为，教材改革要紧贴临床。中医教学计划应该彻底改革，认认真真、老老实实地坐下来修订。课程设置上中医要占三分之二以上，四部经典必须改成主干课，特别要加强古汉语的学习。规范教材已经出到第七版了，有人评价说“一、二版比较正规，三、四版问题较多，五版问题挺大，六版好一些，七版有一定深广度”。教材改革已经有所进步，但是还得继续改，必须紧贴临床，教材是培养人才之本。研究生教材应该拉开档次，硕士研究生要求熟悉四部经典，博士研究生则要掌握十部经典的内容。编写教材不能操之过急，多花些时间，才能经得起临床实践的检验。

任继学认为，中医基础理论需要彻底“回归”。中医基础理论教材有些不尽如人意，有人把中医存在的基础说成哲学，认为中医阴阳五行、脏腑经络都是哲学，气也属于哲学范畴，任继学不赞同这样归类，他说：“你天天喘气是哲学？整部《黄帝内经》、《伤寒论》都是哲学？能这样讲吗?”中医基础理论这门课程是20世纪70年代后开设的，课程是必要的，但应该认认真真地彻底回归，这样培养的学生才能相信中医是一门科学。现在国家中医药管理局课题“中医基础理论归真”，就是要把搞得含混不清的理论重新说清楚。任继学举例，比如“道”，学校老师一般讲是指一切事物发展规律，学生的认识因此也不是很清楚。其实中医的“道”仅在《灵枢》、《素问》中就有250多处，如五脏之道、营气之道、气道、血道、液道，涵义是很丰富的，不单指万事万物变化的规律法则，还包涵人体生理生化之通道等要义。中医之道是一个刚柔相济之体，有开阖、升降出入、代谢、信息作用。

对于中医教育，任继学认为，师资队伍亟待培养。人们常提“名中医”，却不大提“名老师”，其实中医的师资队伍亟待培养，应该树立名教师的典型，让典型带动整体进步。现在有些老师一毕业就到课堂，文献基础不牢，教学内容缺乏重点、难点、疑点讲解，照本宣科，甚至有学生反映老师念错了行回头再念。教员自己似懂非懂，教出的学生能明白吗？一个教员的知识至少要超过学生10倍，达到这样的标准才能进课堂。任继学回忆起当年在北京中医学院教学研究班学习时的情景，当时能解答学员千奇百怪问题的只有学识渊博的任应秋教授一人，因为学员本身大多临床经验丰富，只是缺乏理论总结能力，大家把教学中积攒的问题带到那里请教。而现在的成人教育表面看起来很热闹，实则水平较差，和过去进修班相比，成人教育应该总结经验，在全国多所中医药大学应开办内经、温病、中药、内科等不同学科的师资班。先有高水平老师，才能有高水平的学生。

任继学对待中医的科研和教学，一丝不苟，他坚持，中医的科研和教学必须遵循自身特点、自身规律，走自己的路。这两者都非常重要。

杏林侠客　捍卫中医

任继学对于中医学始终怀有一种魂牵梦绕、难以割舍的情愫，他以急患者之难作为自己学医的出发点，逐步积累起深厚的中医理论修养和敏锐的临床决策能力，为开拓中医急症学奠定了坚实的基础。他常说，为医之道，治病救命。因此他本人亦呕心沥血地战斗在中医治疗急症工作的第一线。

任继学自 1947 年入党以来，始终以共产党员的标准严格要求自己，身先士卒，吃苦在前，享受在后。出任长春中医学院附属医院中医内科教研室主任时，他亲自带领科室骨干 6 次亲赴长白山区采药，年年访药农，调查研究，终于研制成返魂草系列中药，仅此一项就为吉林省中药企业创产值5.6亿元。在工作中，他早来晚走，不为自己的经济利益考虑，坚持每周两次门诊，一次查房，每年至少三次为全院师生进行专题学术讲座，得到了全院广大师生员工的敬重与爱戴。在医院学术梯队建设中，他曾多次将亲自主持的科研项目成果让名于中年人，将科研转让费也尽量多分与中青年人，以使他们安心工作，多为中医药事业作出更大的贡献。

任继学对中医爱之深，痛之切，担心中医前途，忧虑后继乏人乏术。对于中医药事业的问题，任继学从不含糊，中医界每每遇上风吹草动的事情，他总是第一个挺身而出。1990年，国家进行机构改革，听说国家中医药管理局要被精简，他立即牵头八位名老中医再次上书中央，这就是在中医药界著名的“八老上书”（任继学、邓铁涛、方药中、何任、路志正、焦树德、张琪、步玉如）。提出国家中医药管理局不能撤销，其职权范围和经费不能减少，另外，还建议各个省都设立中医药管理局。1个月后信访局回信，同意“八老”的意见。任继学又不失时机地呼吁发展中医药事业，分别于1998年参与“八老上书”朱镕基总理，2000年参与“十老上书”李岚清副总理，2004年12月参与“七老上书”温家宝总理，可见他对中医的一片赤胆忠心。任继学也曾上书吉林省委，提出发展吉林中医药事业的八条建议，万余字发自肺腑，处处着眼于中医药事业。而他自己则十分清贫，居所简陋，待遇也从无特殊。1999年，任继学首先倡导发起全国名老中医高级讲习班，号召全国的名老中医到各地聚集讲学，讲习班备受欢迎，现在已举办了13期。而学生们每随师侍诊，也总能亲见亲闻其宣扬中医，据理力争，寻求各级领导关注中医，支持中医，发展中医。

对于中医药事业的发展，任继学认为自己“责无旁贷，义不容辞”，掷地有声的八个字体现了任继学对中医药事业的忠诚、执著与热爱。他犹如中医学界的一位侠客，总是在中医药事业发展的关键时刻义无反顾地挺身而出，高擎起中医药的大旗。记得其在一次登华山时，不断向随从的学生强调“自古华山一条路”，这是否昭示着中医药事业的发展也是一条崎岖艰难的路，但沿着这条路走下去一定会到达胜利的顶峰？任继学常教育自己的学生，学习中医要有恒心，“矢志不渝，从一而终”，一旦立下志向就要坚定不移地走下去，不但要苦读精研、勤于临床，更要以中医药事业的发展为己任，这也许从另一个侧面彰显了他对中医药事业的执著与热爱。

任继学作为吉林省中医药界和长春中医药大学的一面旗帜，为长春中医药大学和长春中医药大学第一附属医院的发展作出了巨大贡献。在长春中医药大学申办博士学位授予权、更名大学及成功获得国家中医临床研究基地项目等工作中，更是功勋卓著。

任继学淡泊名利，对中医药事业呕心沥血。在担任教研室主任时，他自己规定教研室主任不参加各种先进评选，想方设法为同事谋福利，帮助他们解决工作和生活上的困难，解除他们的后顾之忧。保健食品“可口滋”研制成功并带来经济效益后，任继学没拿一分钱，而是全部投到了科室的硬件建设上。教研室编写内部讲义时，他把科研结余应归己的经费拿出来作为编写所需经费，而现在上万册教研室资料，绝大多数都是任继学自己购买的。

任继学虽然只是一名医生，但仍不忘为家乡教育事业尽一份力，发一份光和热。1996 年任继学回家乡，看到家乡小学校舍简陋已成危房、教具匮乏，他忧心忡忡，回到长春后立即找到吉林省领导、省教育厅等有关部门反映情况，并呼吁社会各界捐资助学，同时也尽自己所能捐款捐物，为小学修缮校舍，购置教具，充分体现了一位老共产党员的高尚情操。

德医双馨　大医精诚

任继学从来没有离开过医疗第一线，他视病人为亲人，从不以“名医”自居，不管严寒酷暑，一贯严格遵守诊疗制度，全心全意为广大患者服务，深得社会各界的好评。

名医面前病人多，在任继学诊室内外常常挤满了人，他从不分贫富贵贱、职位高低，均一视同仁。耐心地倾听患者对病情的陈述，细致诊脉，给患者做出正确诊断，还要向患者详细交待煎服药法及防治注意事项等等。如外地患者没能挂上号，只要凭车票他就可以不顾午休时间而予以耐心诊疗。有时在家吃饭时登门求医的人接二连三，夜里也常有人敲门，每次他都热情接待，从没有拒绝过患者，常常令患者感动得热泪盈眶。凡是被任继学诊治过的患者都被他这种不厌其烦、一丝不苟的精神所感动。而对待那些经济困难的患者，任继学经常免费为他们看病，当患者所带的钱不够时，他还经常为他们垫付医药费，甚至带头为经济确有困难的患者捐款。一年夏天，一对延边朝鲜族夫妻领着患汗病的儿子来就诊，可是没有挂上号。夫妻俩衣着破旧，父亲黄胶鞋上沾满了泥，满脸汗水背着儿子上楼。儿子患水肿，尤其是腹水明显。任继学听说诊室外等着这样的患者，赶紧让他们进来看病。他不顾患者身上的汗臭味，详细查体、诊脉、观舌象，开具了“千金鲤鱼汤”等药方。当得知夫妻俩以种地为生，为了治儿子的病几乎倾家荡产时，任继学便自己拿钱让学生去抓药，并详细记下了地址，说是为以后随访用。临走时，患者的父亲伸出长满老茧的双手握着任继学的手，激动地只说了句“大夫，谢谢……”就哽咽了，在场的人无不动容。事后，任继学委托学生多次寄去医药费，直到病人病情明显好转。他常教导学生，“学深终有限，德高价无穷”，“医乃仁术”，要先树品德，而后精于学问，要具有高尚的医德医风，不仅体现在服务态度上，更要有高度的责任心。在查房过程中，对于农村困难患者，他不但多次带头捐款捐物，还要求医院为这样的患者减免部分医药费。任继学治病的一个原则是突出中医简、便、效、廉的优势。一位患者患带状疱疹，屡治不愈，左侧胸胁、前臂外侧红肿疼痛难忍，花了 5000 多元钱，静脉点滴、口服许多抗生素、镇痛药仍无效。任继学诊后，让她用马莲草熏洗外敷，1 周后疼痛、并发的感染症状明显减轻，3 周后痊愈，只花了挂号费。任继学常说：“多数病人不富裕，应尽量用有效又便宜的药物。”他常教导学生：“救死扶伤是每个医务工作者义不容辞的职责。”

任继学，一代大医，他见证了中医的风雨沧桑与荣辱兴衰；他曾领军推动中国中医急诊学的发展；他为中医学奉献了毕生精力。他德医双馨，饮誉医学界，为后学树立了光辉的榜样。

世事无常，2005 年，由于为中医药事业过于劳累，任继学突发重病后不能进行正常的语言交流，也不能再写字处方诊病，直至 2010 年病逝于长春。任继学作为意气风发的一代大家，曾历无数急险重症，挽救过无数人的生命；作为领军人物，曾为中医药事业奔走高呼。而今，留给我们的只有无尽的追忆，只有任继学书房里那张年轻时跨马佩枪的戎装照，让人依然能感觉到他身上的那股侠客气势。英雄壮志未酬，后辈尚需努力！

动静结合　调养身心

任继学在 80 高龄时仍神清气爽、思维敏捷，这与其动静结合、调养身心的方式有直接的关系，主要体现在以下三方面：

一、漫步四季，因时而动

任继学喜欢在不同的季节以漫步作为锻炼方式，来调养身体。

冬天，在雪后的树林中漫步，是他多年来形成的独特的养生方法。但他坚持太阳不出来就不出门，因为《黄帝内经》上说，冬三月为闭藏季节，水冻地拆，无扰乎阳，即人体在冬天的时候阳气内敛，阴气在外，所以在冬天闭藏的时候，要早卧晚起，必待日光。因此在寒冷的冬天，必要待太阳出来了，任继学才出去走动走动，每次在室外的活动时间都不超过半个小时。他认为，冬天还是要以室内运动为主，室外运动只是起到吸清呼浊的作用，让新鲜空气把肺中的混浊之气排挤出去，而且让冬天的严寒沐浴一下脸庞也有益无害。

任继学还特别强调，冬季不能做剧烈运动，不宜过分出汗。过分出汗就是伤阳，出汗就是伤心，因为汗为心之液，因此冬天不能做跑步等剧烈运动，也不能过分出汗。阳气伤了，机体抵抗力就会下降，这在冬天是违背养生规律的。冬季的户外锻炼，应讲究在日光出来后慢慢行走。

任继学年轻的时候，非常喜欢登山，几乎年年要上长白山，因为长白山上生长的返魂草非常有研究价值，而且同药农聊天非常有趣。但他登山都是缓步慢行，绝不大跑大累。长白山的夏秋季节风景宜人，开始从开满鲜花的山脚走到茂密的原始森林，又从茂密的树林走到清澈的小溪旁，他一直从繁花似锦的夏季走到硕果累累的金秋，一路走来，走出了美好的心境，走出了健康的体魄，更走出了清醒的头脑。八年时间，他十次登上长白山，春夏秋冬几番寒暑，从漫步运动中体会到了漫步与四季的协调。任继学认为，养生分季节。春三月，此谓发陈，潜藏的东西、自然界地下的东西都开始升发，青草和树木发芽了，人体阳气也开始升发了，养生就要顺应这种升发的自然之气，外出漫步，广步于庭，不能快跑，劳能伤气，排除一切杂念，顺养春气，精神焕发地遛它几百步。

任继学从最初无意识的登山运动中，总结出一套随季节变化而变化的漫步养生法，他把这种运动从陡峭崎岖的长白山带到了整洁平坦的长春市，之后的40年里，这种漫步养生深深地融入了他的日常生活中。

二、潜心阅读，宁静致远

任继学认为，他之所以80高龄仍能头脑清醒、记忆力不减当年，应当归功于陪伴他多年的静心阅读。少小时念的是私塾，15岁行医后更是与书籍结下了不解之缘。中医典籍汗牛充栋，一看就是60多年，他的生活中，每天至少有几小时是沉浸在书的宁静之中的。一是看书要静下来，讲究的是一心一意研究一个问题，这时人的思想无忧无愁、无喜无悲；二是身体要坐直，这样有益于气血调和及头脑静养，真气从之，人体外在的营卫、内在的正气互相调和，从而提高了机体的抗病能力。

任继学认为，读书写字能提高机体的抗病能力。这是因为，人的七情六欲是许多疾病的致病因素，而读书写字可以洗涤净化缠绕在人们头脑中的七情六欲。在宁静的书房中，宁静的目光注视着宁静的书卷，正是这份阅读的宁静摆脱了白天工作的纷繁，也摆脱了情志思虑的困扰，更培育了博学强识的头脑，并给了他一副健康的体格。一年四季从不停歇的漫步和整日手不释卷的阅读是他养生的两大法门，这一动一静两种养生方法就像他的双手一样不离左右。除了看书，以静养生的他还有一个奇怪的习惯，就是喝茶从来都是在晚上八点钟前后，每天看书看到晚上八点时，他就会沏上一杯绿茶，一边阅读一边慢慢啜饮，他把这也称为“动静结合”。因为喝茶主要是为了提神，坐的时间长了，一喝茶人就得活动活动。

非淡泊无以明志，非宁静无以致远。正是因为心无杂念、淡泊名利，任继学才能集中意念潜心阅读，也正是阅读时的这份宁静，才使他能心境平和、修身养性。

三、适时而息，适食以养

任继学讲究适时而息，他每天午饭后都要睡上一个午觉，这个习惯也陪伴了他四十多年。

午休对于养生是必须的，因为中午是阴阳

交接期间，子午线交换，督脉和任脉交换。阴阳相交，阴维阳维、阴阳这种相交的时候都需要养一养。午睡时间也不超过30分钟，但是过去由于医生的工作性质，他这种特殊时间的午时觉有时也只得让给更紧迫的事情。他说：“不午休身体会难受，因为阴阳不均了，气血不调畅了，十二经络都不通顺了，就是有点障碍，所以必须午休。”这中午短暂的宁静也是他一直奉行的养生之道。

任继学晚年讲究适食以养，他食用的各种食物不是随菜市场的供应而走，而是随着大自然四季的演变而变化。夏天他喜欢吃豆角、黄瓜、西红柿、茄子这些应时蔬菜；到了冬季，当反季节的大棚蔬菜和南方的蔬菜占据了长春的菜市场的时候，在他家的餐桌上，却只能见到那几种生于北方、长于北方的蔬菜。他说：“南方有南方的菜，北方有北方的菜，南方有南方菜适宜生长的气候环境，北方有北方菜适宜生长的气候环境，由于气候环境不同，吸收的营养也不同。在冬天，萝卜、白菜、土豆、倭瓜、胡萝卜，这些是适宜东北人的主要蔬菜。”

任继学坚信一方水土养一方人，百菜不如白菜。他非常喜欢吃东北的渍白菜，每年秋天他都要和老伴亲自动手腌制一缸渍白菜。他曾经颇有感触地提起过自己腌制的渍白菜，他说：“腌酸菜之前把它（白菜）摘干净、洗干净后用开水烫了，晾凉后渍在缸里，用石头压上，等它发酵，那个都是酵母菌。酸菜酸菜，酸能疏肝，酸能生万物，而且酵母菌对消化也有好处。”

其实，任继学的食疗养生经验归结起来非常简单朴素，就是因时制宜、就地取材、顺应自然。

任继学的养生方式讲究动静结合，动有漫步和饮食，静有阅读和午休。他说，生活中既要动中有静，又要静中有动，如果能动静平衡，必将生生不息，这才是养生的大道。

（撰稿人 任喜洁 刘艳华）

《中华中医昆仑》丛书 150 位医家名录

（按生年排序）

张锡纯	丁甘仁	萧龙友	王朴诚	恽铁樵
曹炳章	冉雪峰	谢　观	施今墨	汪逢春
孔伯华	黄竹斋	吴佩衡	蒲辅周	陈邦贤
李翰卿	李斯炽	姚国美	陆渊雷	张泽生
时逸人	张梦侬	叶橘泉	王聘贤	陈慎吾
邹云翔	赵炳南	承淡安	余无言	刘惠民
岳美中	沈仲圭	秦伯未	赵锡武	韦文贵
程门雪	黄文东	赵心波	董廷瑶	吴考槃
章次公	石筱山	陆南山	张赞臣	李聪甫
刘绍武	陈存仁	朱仁康	陆瘦燕	姜春华
韩百灵	高仲山	李克绍	王鹏飞	刘春圃
金寿山	哈荔田	何世英	周凤梧	丁祖望
关幼波	王为兰	任应秋	罗元恺	祝谌予
杨医亚	郭士魁	何时希	耿鉴庭	俞慎初

裘沛然	顾伯华	江育仁	邓铁涛	门纯德
刘渡舟	尚天裕	朱良春	李玉奇	程士德
尚志钧	赵绍琴	董建华	米伯让	李辅仁
张珍玉	班秀文	颜正华	于己百	颜德馨
路志正	方药中	王乐匋	黄星垣	谢海洲
余桂清	何　任	王子瑜	程莘农	陈彤云
焦树德	张作舟	张　琪	李寿山	张镜人
王绵之	方和谦	印会河	王玉川	蔡小荪
李振华	马继兴	王嘉麟	宋祚民	刘弼臣
王雪苔	刘志明	吴咸中	李今庸	任继学
裴学义	王宝恩	周霭祥	贺普仁	唐由之
赵冠英	许润三	金世元	陆广莘	刘柏龄
徐景藩	吉良晨	吴定寰	沈自尹	王孝涛
张灿玾	周仲瑛	强巴赤列	张代钊	李经纬
郭维淮	柴松岩	苏荣扎布	陈可冀	李济仁
夏桂成	郭子光	巴黑·玉素甫	张学文	陈介甫